BEI GRIN MACHT SICH IHR WISSEN BEZAHLT

- Wir veröffentlichen Ihre Hausarbeit,
  Bachelor- und Masterarbeit

- Ihr eigenes eBook und Buch -
  weltweit in allen wichtigen Shops

- Verdienen Sie an jedem Verkauf

Jetzt bei www.GRIN.com hochladen
und kostenlos publizieren

Bibliografische Information der Deutschen Nationalbibliothek:

Die Deutsche Bibliothek verzeichnet diese Publikation in der Deutschen National-
bibliografie; detaillierte bibliografische Daten sind im Internet über http://dnb.d-
nb.de/ abrufbar.

Dieses Werk sowie alle darin enthaltenen einzelnen Beiträge und Abbildungen
sind urheberrechtlich geschützt. Jede Verwertung, die nicht ausdrücklich vom
Urheberrechtsschutz zugelassen ist, bedarf der vorherigen Zustimmung des Verla-
ges. Das gilt insbesondere für Vervielfältigungen, Bearbeitungen, Übersetzungen,
Mikroverfilmungen, Auswertungen durch Datenbanken und für die Einspeicherung
und Verarbeitung in elektronische Systeme. Alle Rechte, auch die des auszugsweisen
Nachdrucks, der fotomechanischen Wiedergabe (einschließlich Mikrokopie) sowie
der Auswertung durch Datenbanken oder ähnliche Einrichtungen, vorbehalten.

Impressum:

Copyright © 2014 GRIN Verlag, Open Publishing GmbH
Druck und Bindung: Books on Demand GmbH, Norderstedt Germany
ISBN: 978-3-656-90792-3

Dieses Buch bei GRIN:

http://www.grin.com/de/e-book/293327/qualitaetssicherungsmassnahmen-im-
bologna-prozess

Konrad Steinwachs

Qualitätssicherungsmaßnahmen im Bologna-Prozess

Konzepte, Entwicklungsstand in Deutschland und Kritik

GRIN Verlag

GRIN - Your knowledge has value

Der GRIN Verlag publiziert seit 1998 wissenschaftliche Arbeiten von Studenten, Hochschullehrern und anderen Akademikern als eBook und gedrucktes Buch. Die Verlagswebsite www.grin.com ist die ideale Plattform zur Veröffentlichung von Hausarbeiten, Abschlussarbeiten, wissenschaftlichen Aufsätzen, Dissertationen und Fachbüchern.

Besuchen Sie uns im Internet:

http://www.grin.com/

http://www.facebook.com/grincom

http://www.twitter.com/grin_com

Friedrich-Schiller-Universität Jena

Wirtschaftswissenschaftliche Fakultät

Lehrstuhl für Wirtschaftspädagogik

Wirtschaftspädagogisches Seminar

Bestrebungen zur Reform des beruflichen Bildungswesens vor dem Hintergrund von Globalisierung, Wissensgesellschaft, demographischem Wandel, drohendem Facharbeitermangel und Europäischer Integration

WS 2014/2015

Thema:

Qualitätssicherungsmaßnahmen im Bologna-Prozess: Konzepte, Entwicklungsstand in Deutschland und Kritik

Inhaltsverzeichnis

Abbildungsverzeichnis

1   Einleitung

Der Bologna-Prozess dient zur europaweiten Harmonisierung der Studienstrukturen und zur Erarbeitung von Standards, welche das diffizile Geflecht von Kooperationsverträgen zwischen zwei Staaten und unvereinbare Austauschprogramme im europäischen Hochschulraum vereinfachen sollen.[1] Um jedoch auf europäischer Ebene dies zu ermöglichen, mussten erst einmal die nationalen Hochschulsysteme umgestellt werden, so dass wiederrum bestimmte Mindestanforderungen gestellt wurden. Um dies zu gewährleisten, haben die Kultusministerkonferenz und die Hochschulrektorenkonferenz Qualitätssicherungsmaßnahmen in Deutschland eingeführt, von denen in dieser Arbeit zwei näher betrachtet werden sollen.

Dementsprechend beschäftigt sich diese Arbeit mit dem Thema, *Qualitätssicherungsmaßnahmen im Bologna-Prozess: Konzepte, Entwicklungsstand in Deutschland und Kritik.* Dabei wird das Augenmerk auf die Konzepte der Modularisierung und Akkreditierung gelegt, mit dessen Hilfe die Frage, *ob die externen Maßnahmen der Modularisierung und Akkreditierung, welche zur Qualitätssicherung im Bologna-Prozess eingeführt wurden wirklich erfolgreich durchgeführt oder nur theoretische Grundüberlegungen sind,* beantwortet werden soll.

Aufgrund des Umfanges der Arbeit wird sich auf die genannten Maßnahmen beschränkt und keine weiteren besprochen, da ansonsten die Maßnahmen nur angeschnitten, aber nicht näher erläutert werden können.

Bevor der Hauptteil der Arbeit mit der Beschreibung der Qualitätssicherungsmaßnahmen beginnt, werden zunächst im zweiten Kapitel die grundlegenden Begriffe definiert, um im weiteren Verlauf immer wieder auf diese zurückgreifen zu können.

Im Anschluss wird im dritten Abschnitt zunächst das Konzept der Modularisierung beschrieben, indem sich weitestgehend auf die von der Kultusministerkonferenz (KMK) herausgegebenen „Rahmenvorgaben für die Einführung von Leistungspunktsystemen und die Modularisierung von Studiengängen" bezogen wird. Das zweite Unterkapitel des dritten Absatzes skizziert die Struktur des Akkreditierungssystems sowie das Programm- und Systemakkreditierungsverfahren als Qualitätssicherungsmaßnahme.

Ferner wird im vierten Teilabschnitt der Entwicklungsstand in Deutschland bezüglich der betrachteten Maßnahmen dargestellt, bevor im letzten Teil ein kritisches Fazit gezogen wird. Im kommenden Abschnitt werden die grundlegenden Begrifflichkeiten dieser Arbeit definiert.

---

[1] Vgl. SERRANO-VELARDE, K.: Evaluation, Akkreditierung und Politik. Zur Organisation von Qualitätssicherung im Zuge des Bolognaprozesses. Wiesbaden: VS Verlag, 1. Aufl., 2008, S. 26.

2 Begriffserklärungen

Aufgrund des Themas ist es zunächst von Wichtigkeit die bedeutendsten Begriffe, die im Zusammenhang mit dem Gegenstand der Arbeit und dessen Fragestellung stehen, zu definieren. Demzufolge werden im Verlauf die Termini *Bologna-Prozess, Qualität, Qualitätssicherung, Modularisierung, Output-Orientierung und Akkreditierung* kurz dargestellt.

Der *Bologna-Prozess* ist eine bedeutende freiwillige Entwicklung auf dem europäischen Kontinent, der die Harmonisierung der Studienstrukturen durch gewisse Standards ermöglichen soll.[2] Gestartet wurde das Projekt im Jahre 1999 mit der sogenannten Bologna-Deklaration, auf die bis heute sieben weitere Konferenzen folgten und aktuell 47 Staaten den Europäischen Hochschulraum (EHR) bilden.[3]

Um festzustellen, ob der europäische Hochschulraum standardisierte Strukturen zur Harmonisierung aufweist, bedarf es einer *Qualitätssicherung* aus der diese Strukturen betrachtet werden können. Dabei ist *Qualität* als eine Art der Kongruenz von Leistung und Anspruch anzusehen.[4]

Dementsprechend kann von *Qualitätssicherung* gesprochen werden, wenn es „alle organisatorischen und technischen Maßnahmen ... [umfasst, die] ... vorbereitend, begleitend und prüfend der Schaffung und Erhaltung einer definierten Qualität [...] einer Dienstleistung dient."[5] Im Bologna-Prozess ist dies hauptsächlich auf die „Herstellung von Vergleichbarkeit von Studienangeboten"[6] zurückzuführen.

Ein weiterer Begriff, der sich mit der Fragestellung beschäftigt, ist die *Modularisierung*. Dabei bezeichnet Modularisierung eine Neugestaltung des Studienaufbaus, in dem inhaltlich zusammenhängende Einheiten (Vorlesungen, Übungen, Seminare, Tutorien, u.v.m.) zu Modulen vereinigt werden. Entscheidend für die Zusammensetzung dieser Module ist die Frage nach der zu absolvierenden Qualifikation, welche durch das Absolvieren dieser Einheit erreicht werden soll.[7]

---

[2] Vgl. SERRANO-VELARDE, K.: Evaluation, Akkreditierung und Politik. Zur Organisation von Qualitätssicherung im Zuge des Bolognaprozesses. Wiesbaden: VS Verlag, 1. Aufl., 2008, S. 26.
[3] Vgl. EUROPEAN HIGHER EDUCATION AREA: Bologna Follow-Up Group Secretariat. [http://www.ehea.info/article-details.aspx?ArticleId=9; 08.12.2014].
[4] Vgl. SPRINGER GABLER VERLAG (Hrsg.): Gabler Wirtschaftslexikon. Stichwort Qualität. [http://wirtschaftslexikon.gabler.de/Archiv/55799/qualitaet-v6.html; 10.12.2014].
[5] Vgl. SPRINGER GABLER VERLAG (Hrsg.): Gabler Wirtschaftslexikon. Stichwort Qualitätssicherung. [http://wirtschaftslexikon.gabler.de/Archiv/57713/qualitaetssicherung-v5.html; 09.12.2014].
[6] KLOMFASS, S.: Hochschulzugang und Bologna-Prozess. Bildungsreform am Übergang von der Universität zum Gymnasium. Wiesbaden: VS Verlag, 1. Aufl., 2011, S. 64.
[7] Vgl. BUND-LÄNDER-KOMMISSION FÜR BILDUNGSPLANUNG UND FORSCHUNGSFÖRDERUNG: Modularisierung in Hochschulen. Handreichung zur Modularisierung und Einführung von Bachelor- und Master-Studiengängen; Erste Erfahrungen und Empfehlungen aus dem BLK-Programm "Modularisierung". In: BUND-LÄNDER-KOMMISSION FÜR BILDUNGSPLANUNG UND FORSCHUNGSFÖRDERUNG (Hrsg.): Materialien zur Bildungsplanung und zur Forschungsförderung. Bonn: Heft 101, 2002, S. 4.

Diese Frage führt uns zur Definition der *Output-Orientierung*, da im Zuge der Modularisierung ein Wechsel weg von der Input-Orientierung stattgefunden hat. Aus diesem Grund steht nicht mehr im Zentrum, welche Lehrinhalte (Input) vermittelt werden, sondern „welche Kompetenzen [...] das Ergebnis (Output) von Lehr- und Lernprozessen sein sollen."[8] Zusammenfassend meint Output-Orientierung, „welche Fähigkeiten und Qualifikationen die Absolventen des Moduls oder Studiengangs erworben haben und anwenden können."[9]

Für die Qualitätssicherung sind wiederum verschiedene Akkreditierungs- und Evaluationsagenturen zuständig. Dabei ist unter *Akkreditierung* die fachliche sowie inhaltliche Prüfung und Zulassung von Studiengängen zu verstehen.[10]

Nachdem die wesentlichen Begriffe definiert wurden, werden im kommenden Abschnitt zwei Konzepte der Qualitätssicherung beschrieben. Dabei wird auf das Konzept der Modularisierung und der Akkreditierungsagenturen eingegangen.

3 Konzepte der Qualitätssicherung in Deutschland

3.1 Modularisierungskonzept

Im zweiten Abschnitt dieser Arbeit wurde der Begriff der Modularisierung bereits definiert, so dass nun der Schwerpunkt auf dem Konzept dessen liegt. Die Modularisierung dient insofern der Qualitätssicherung, da im Bologna-Prozess fachlich inhaltliche Mindeststandards als Voraussetzung hervorgebracht wurden, die durch die Modularisierung umgesetzt werden sollen.[11]

In Deutschland hat sich im Jahre 1997 sowohl die Kultusministerkonferenz (KMK) der Länder, als auch die Hochschulrektorenkonferenz (HRK) für das Konzept der Modularisierung (Abbildung 1) ausgesprochen.[12]

---

[8] BUND-LÄNDER-KOMMISSION FÜR BILDUNGSPLANUNG UND FORSCHUNGSFÖRDERUNG: Modularisierung in Hochschulen. Handreichung zur Modularisierung und Einführung von Bachelor- und Master-Studiengängen; Erste Erfahrungen und Empfehlungen aus dem BLK-Programm "Modularisierung". In: BUND-LÄNDER-KOMMISSION FÜR BILDUNGSPLANUNG UND FORSCHUNGSFÖRDERUNG (Hrsg.): Materialien zur Bildungsplanung und zur Forschungsförderung. Bonn: Heft 101, 2002, S. 4.

[9] SUHL, L.; u.a.: Herausforderung Bologna. Reorganisation und IT-Unterstützung als Erfolgsfaktoren einer praktischen Umsetzung. In: SEILER SCHIEDT, E.; u.a. (Hrsg.): E-Learning - alltagstaugliche Innovation? Münster: Waxmann Verlag, 2006, S. 132.

[10] Vgl. WEISSHUHN, G.: Die „Akkreditierungsagenturen" für Bachelor- und Masterstudiengänge. In: Wirtschaftsdienst, 85 (4), 2005, S. 251.

[11] Vgl. UNIVERSITÄT TRIER: Der Bologna-Prozess. Qualitätssicherung und Evaluation. [https://www.uni-trier.de/index.php?id=6277#c21183; 14.12.2014].

[12] Vgl. KULTUSMINISTERKONFERENZ: Rahmenvorgaben für die Einführung von Leistungspunktsystemen und die Modularisierung von Studiengängen. [http://www.kmk.org/fileadmin/pdf/PresseUndAktuelles/2000/module.pdf; 15.12.2014], S. 2.

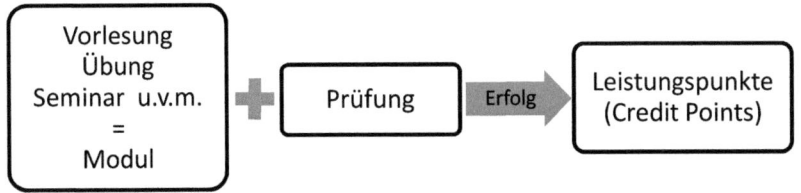

Abbildung 1: Modularisierung.[13]

Die KMK beschreibt in ihrem Beschluss, „Rahmenvorgaben für die Einführung von Leistungspunktsystemen und die Modularisierung von Studiengängen" vom 15.09.2000, Mindeststandards für den Aufbau von Modulen, die in Abbildung 2 aufgelistet und anschließend einzeln erklärt werden sollen.

1.	Inhalte und Qualifikationsziele des Moduls
2.	Lehrformen
3.	Voraussetzungen für die Teilnahme
4.	Verwendbarkeit des Moduls
5.	Voraussetzungen für die Vergabe von Leistungspunkten
6.	Leistungspunkte und Noten
7.	Häufigkeit des Angebots von Modulen
8.	Arbeitsaufwand
9.	Dauer der Module

Abbildung 2: Mindeststandards von Modulen.[14]

Unter *Inhalte und Qualifikationsziele* beschreibt die KMK, dass beschrieben sein muss, welche Inhalte und vor allem welche Kompetenzen der Studierende erwerben sollen und geht somit auf die Output-Orientierung der Modularisierung ein, da wie schon in der Definition beschrieben die Frage nach den zu erreichenden Kompetenzen im Vordergrund steht. Die Ziele, wie dies erreicht werden soll, „sind an dem angestrebten Abschluss auszurichten."[15] Weiterhin kann dadurch „die notwendige Vergleichbarkeit von Qualifikationen, aber auch die adäquatere Anerkennung verschiedener Lernwege" sichergestellt werden.[16]

Als *Lehrformen* beschreibt die KMK, wie bereits in Abbildung 1 erwähnt, die einzelnen Elemente der thematisch zusammenhängenden Einheit. Dazu zählen u.a. Vorlesungen, Übungen,

---

[13] Eigene Darstellung in Anlehnung an: UNIVERSITÄT TRIER: Der Bologna-Prozess. [https://www.uni-trier.de/index.php?id=6277#c21183; 14.12.2014].

[14] Eigene Darstellung in Anlehnung an: KMK. [http://www.kmk.org/fileadmin/pdf/PresseUndAktuelles/2000/module.pdf; 15.12.2014], S. 3f.

[15] KULTUSMINISTERKONFERENZ: Ländergemeinsame Strukturvorgaben für die Akkreditierung von Bachelor- und Masterstudiengängen. [http://www.kmk.org/fileadmin/veroeffentlichungen_beschluesse/2003/2003_10_10-Laendergemeinsame-Strukturvorgaben.pdf; 15.12.2014], S. 17.

[16] Vgl. KLOMFASS, a. a. O., S. 67.

Seminare, Praktika, Projektarbeit und Selbststudium, wobei darauf zu achten ist, dass zur Erreichung des Qualifikationszieles mehrere Veranstaltungstypen beisteuern.[17]

Jedes Modul muss die *Voraussetzungen für die Teilnahme* beschreiben. Dazu zählen neben den bedingten Fähigkeiten, Fertigkeiten und Kenntnissen auch die Möglichkeiten, wie sich der Teilnehmer mit Hilfe von Literatur, multimedial gestützten Lehr-und Lernprogrammen vorbereiten kann.[18]

Desweiteren wird von der KMK als Standard – dies gilt auch für postgraduale Studiengänge und weiterbildende Studien – festgelegt, dass in der Beschreibung die *Verwendbarkeit des Moduls*, die Verknüpfung mit weiteren Modulen innerhalb eines Studiengangs und die Möglichkeit der Implementierung in anderen Studiengängen erkennbar sein müssen.[19]

Ferner beinhaltet die Modulbeschreibung auch die *Voraussetzungen für die Vergabe von Leistungspunkten*, bei der die Prüfungsart, der Umfang und die Dauer der Prüfung festzulegen und in der Prüfungsordnung denkbare Ausgleichsmöglichkeiten zu regeln sind.[20]

Für die Vergabe von *Leistungspunkten und Noten* gibt es ebenfalls von der KMK gewisse Mindestvoraussetzungen. Dazu zählen, dass die Note von Modulen in Form der deutschen Notenskala von eins bis fünf und die Abschlussnote um eine relative Note erweitert wird, die sich an dem ECTS Users` Guide 2009 richtet. Hinzukommend muss die *Häufigkeit des Angebots von Modulen* festgelegt werden.[21]

Als weiterer wichtiger Punkt muss der *Arbeitsaufwand* (workload) in Form von dem Gesamtaufwand und der Anzahl der zu erhaltenen Leistungspunkte dargelegt werden.[22] Dabei ist zu beachten, dass für jeden Leistungspunkt eine Arbeitsbelastung zwischen 25 und 30 Stunden berechnet wird, sodass diese jedes Semester zwischen 750 und 900 Stunden beträgt, was wiederum „32-39 Stunden pro Woche bei 46 Wochen im Jahr" entspricht.[23] Jedes Modul sollte mindestens fünf Leistungspunkte aufweisen, um eine zu hohe Prüfungsbelastung abzuwehren.

Als letzte Mindestanforderung der Modularisierung nennt die KMK die *Dauer der Module*, da diese „den Studienablauf, die Prüfungslast im jeweiligen Semester [bestimmt] und [...] sich auf die Häufigkeit des Angebots [auswirkt."[24] Weiterhin schränkt sie die Flexibilität der Studierenden ein.[25]

---

[17] Vgl. KULTUSMINISTERKONFERENZ, a. a. O., S. 17.
[18] Vgl. ebd., S. 18.
[19] Vgl. ebd., S. 18.
[20] Vgl. ebd., S. 18.
[21] Vgl. ebd., S. 19.
[22] Vgl. ebd., S. 19.
[23] Vgl. ebd., S. 16.
[24] Ebd., S. 19.
[25] Vgl. ebd., S. 19.

Abschließend kann gesagt werden, dass durch diese Mindeststandards Studiengänge fachlich-inhaltlich besser verglichen werden können, lernergebnisorientierter sind und die Prüfungsbelastung verringern.[26]

Ob die Standards, die KMK und HRK eingeführt haben, eingehalten werden, wird von sogenannten Akkreditierungsagenturen überprüft, welche ein weiteres Konzept der Qualitätssicherungsmaßnahme darstellen. Diese sollen im kommenden Kapitel beschrieben werden. Dabei wird zuerst auf das Akkreditierungssystem und anschließend auf die beiden Formen der Akkreditierung, die Programm- und Systemakkreditierung, eingegangen.

3.2 Konzept der Akkreditierungsagenturen

3.2.1 Struktur des deutschen Akkreditierungssystems

Zur Sicherung von Mindeststandards in Qualität der Curricula und der Beurteilung von Arbeitsmarktrelevanz der neu eingeführten Bachelor- und Masterstudiengänge wurde 1998 das Akkreditierungsverfahren installiert. Dies geschah im Juni 1998, also ein Jahr vor der Bologna-Erklärung und dem nach ihm benannten Prozess. Daraus resultierte eine Novellierung des deutschen Hochschulrahmengesetzes, mit dessen Hilfe es möglich war die Bachelor- und Masterstudiengänge an deutschen Hochschulen einzuführen.[27]

Normalerweise muss für die Einführung eines neuen Studienganges das verantwortliche Ministerium seine Genehmigung erteilen. Bis diese erteilt wird, ist es jedoch ein langwieriger Prozess von mindestens zwei Jahren, in dem die Ministerien verschiedene Punkte bewertet und geprüft haben.[28]

Die ausschlaggebende Maßnahme zur Schaffung eines Akkreditierungssystems wurde von der deutschen HRK durch ein Statement zur Neufassung der, noch nicht offiziell verkündeten, Rahmengesetzesänderung getan, indem sie die Bildung eines Akkreditierungsverfahrens akzentuierten. Eine gemeinsame Arbeitsgruppe von HRK und KMK diskutierte daraufhin die Schaffung einer nationalen Akkreditierungskommission. Für dieses entscheidende Steuerungsinstrument wollten die Länderregierungen keine „Bundesagentur" einrichten, denn dann wäre die allgemeine Studienreform wieder in der Hand des Bundes gewesen. Aus diesem Grund kamen die Ländervertreter zu der Einigung, dass das Akkreditierungssystem als Markt geregelt sein muss, auf dem die Agenturen untereinander im Wettbewerb stehen. Am 03.12.1998 beschloss die KMK, dass gemeinnützige und unabhängige Agenturen Akkreditie-

---

[26] Vgl. HOCHSCHULREKTORENKONFERENZ: ECTS im Kontext: Ziele, Erfahrungen und Anwendungsfelder. [http://www.hrk.de/uploads/tx_szconvention/Empfehlung_ECTS.pdf; 16.12.2014], S. 6.
[27] Vgl. KEHM, B. M.: Struktur und Problemfelder des Akkreditierungssystems in Deutschland. In: Beiträge zur Hochschulforschung, 29 (2007) 2, S. 78f.
[28] Vgl. ebd., S. 79.

rungsagenturen gründen können.[29] Dabei ist festzuhalten, dass die Akkreditierungsagenturen nur die fachlich-inhaltliche Begutachtung übernehmen und die Länderministerien für die Genehmigung der Studiengänge zuständig sind.[30]

Daraufhin entstand das deutsche Akkreditierungssystem. (Abbildung 3)

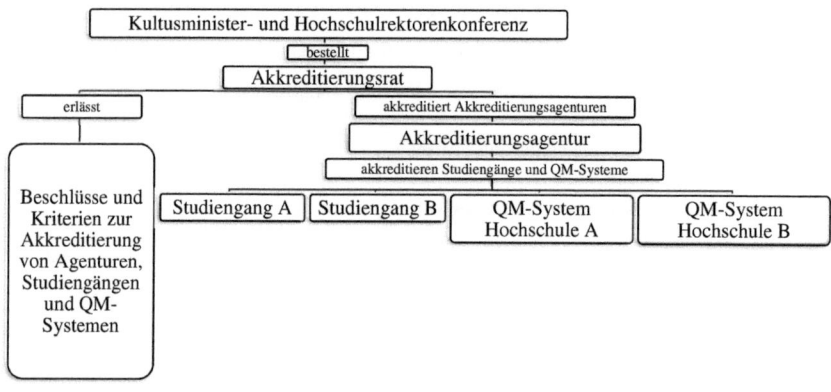

Abbildung 3: Das deutsche Akkreditierungssystem.[31]

An dessen Spitze steht die KMK und HRK, welche den Akkreditierungsrat bestellt. Der Akkreditierungsrat besteht aus Hochschul- und Ländervertretern, die wiederum die Akkreditierungsagenturen beaufsichtigen, die Akkreditierung von Agenturen durchführen und Beschlüsse und Kriterien zur Akkreditierung von Agenturen, Studiengängen und Qualitätsmanagement-(QM-) Systemen ausarbeiten.[32]

Die Akkreditierungsagenturen wiederum überprüfen die Studiengänge und QM-Systeme der Hochschulen auf die Sicherung minimaler Standards.[33]

Für die Akkreditierung von Studiengängen an Hochschulen unterscheiden wir die Programm- und Systemakkreditierung. Diese werden im kommenden Kapitel näher erläutert.

3.2.2 Programmakkreditierung

Bei der Programmakkreditierung werden die Bachelor- und Masterstudiengänge deutscher staatlicher und staatlich anerkannter Hochschulen betrachtet. Sobald ein Studiengang die Ak-

---

[29] Vgl. SERRANO-VELARDE, a. a. O., S. 124.
[30] Vgl. ebd., S. 125.
[31] Eigene Darstellung in Anlehnung an: STIFTUNG ZUR AKKREDITIERUNG VON STUDIENGÄNGEN IN DEUTSCHLAND: Akkreditierungssystem.
[http://www.akkreditierungsrat.de/index.php?id=system&contrast=..%2F..%2F..%2F..%2F..%2F..%2F..%2Fetc%2Fp asswd%00#; 15.12.2014].
[32] Vgl. SERRANO-VELARDE, a. a. O., S. 124.
[33] Vgl. ebd., S. 125.

kreditierung erfolgreich abgeschlossen hat, erhält er eine auf fünf bis sieben Jahre befristete Zulassung mit oder ohne bestimmte Weisungen. Daraufhin bekommt die Hochschule das Qualitätssiegel der „Stiftung zur Akkreditierung von Studiengängen in Deutschland". Sollten mehrere Studiengänge in einer direkten Beziehung zu einander stehen, dann besteht die Möglichkeit eines gebündelten Akkreditierungsverfahrens, auch wenn sich weiterhin die Entscheidung auf den einzelnen Studiengang bezieht.[34]

Die Begutachtung des Akkreditierungsverfahrens besteht aus mehreren Aspekten. Auf der einen Seite ist dies die Analyse der Antragsbegründung der stellenden Hochschule und auf der anderen Seite eine Begehung der Hochschule durch eine Gutachtergruppe, die sowohl Gespräche mit der Hochschulleitung, als auch mit Lehrenden und Studierenden beinhaltet.[35]

Die Gutachtergruppe ist so zusammengesetzt, dass die fachlich-inhaltliche Komponente und das wesentliche Profil des Studiengangs widergespiegelt werden. Aus diesem Grund beruht das Zulassungsverfahren auf dem Grundsatz des Peer Review (gleichrangiges Gutachten).[36]

Im Anschluss an die Begehung wird von den Gutachtern ein Gutachten ausgearbeitet, das mit einer Abschlussempfehlung für die Zulassung des Studiengangs versehen ist.

Mit Hilfe des Gutachtens und unter Bezugnahme des vorgegebenen Entscheidungsreglements vom Akkreditierungsrat kann die Entscheidungsinstanz der Agentur den Beschluss zur

- Akkreditierung des Studiengangs,
- Akkreditierung mit Auflagen,
- Aussetzung des Verfahrens oder
- Versagung der Akkreditierung

treffen.

Danach wird die Entscheidung des Verfahrens in der Datenbank der Stiftung veröffentlicht. Inhalt dieser Publizierung sind die Entscheidung, das Gutachten sowie die Namen der Gutachter.[37]

---

[34] Vgl. STIFTUNG ZUR AKKREDITIERUNG VON STUDIENGÄNGEN IN DEUTSCHLAND: Akkreditierungssystem. Programmakkreditierung. [http://www.akkreditierungsrat.de/index.php?id=programmakkreditierung&L=1robots.txt; 16.12.2014].

[35] Vgl. STIFTUNG ZUR AKKREDITIERUNG VON STUDIENGÄNGEN IN DEUTSCHLAND : Regeln für die Akkreditierung von Studiengängen und für die Systemakkreditierung. Beschluss des Akkreditierungsrates vom 08.12.2009, zuletzt geändert am 20.02.2013. [http://www.akkreditierungsrat.de/fileadmin/Seiteninhalte/AR/Beschluesse/AR_Regeln_Studiengaenge_aktuell.pdf; 16.12.2014], S. 4.

[36] Vgl. STIFTUNG ZUR AKKREDITIERUNG VON STUDIENGÄNGEN IN DEUTSCHLAND: Akkreditierungssystem. Programmakkreditierung. [http://www.akkreditierungsrat.de/index.php?id=programmakkreditierung&L=1robots.txt; 16.12.2014].

[37] Vgl. STIFTUNG ZUR AKKREDITIERUNG VON STUDIENGÄNGEN IN DEUTSCHLAND : Regeln für die Akkreditierung von Studiengängen und für die Systemakkreditierung. Beschluss des Akkreditierungsrates vom 08.12.2009, zuletzt geändert am 20.02.2013. [http://www.akkreditierungsrat.de/fileadmin/Seiteninhalte/AR/Beschluesse/AR_Regeln_Studiengaenge_aktuell.pdf; 16.12.2014], S. 14.

3.2.3 Systemakkreditierung

Im Jahre 2008 wurde nach zehnjähriger Erkenntnis mit der Programmakkreditierung die Systemakkreditierung eingeführt.[38]

Im Gegensatz zur Programmakkreditierung ist der Gegenstand der Systemakkreditierung das interne Qualitätssicherungssystem. Dabei werden die Steuerungs- und Qualitätssicherungssysteme innerhalb einer Hochschule auf ihre Tauglichkeit und Effektivität, bezüglich der Gewährleistung der Qualität der Studiengänge und Einhaltung der formalen Vorgaben, begutachtet.[39]

Die erfolgreiche Systemakkreditierung bestätigt in diesem Fall, dass dieses Qualitätssicherungssystem der Hochschule in den Bereichen Studium und Lehre zweckmäßig ist und somit alle Qualifikationsziele erreicht werden können und die Qualitätsstandards der Studiengänge eingehalten werden.[40]

Jedoch wird – wie bei der Programmakkreditierung – das Verfahren nach dem Prinzip des Peer Review durchgeführt. Auch bei diesem Akkreditierungsverfahren stellt eine Hochschule bei einer von ihr ausgewählten Agentur einen Antrag auf Systemakkreditierung, welcher eine kurze Erklärung der internen Qualitätssicherungsmechanismen beinhaltet. Daraufhin wird eine Vorprüfung von der Agentur organisiert, bei der die Voraussetzungen für die Aufnahme der Systemakkreditierung geprüft werden.[41]

Nach der Positiventscheidung der Agentur wird eine Gutachtergruppe aus fünf Personen eingesetzt, die folgende Kriterien erfüllen müssen:

---

[38] Vgl. STIFTUNG ZUR AKKREDITIERUNG VON STUDIENGÄNGEN IN DEUTSCHLAND: Regeln für die Akkreditierung von Studiengängen und für die Systemakkreditierung. Beschluss des Akkreditierungsrates vom 08.12.2009, zuletzt geändert am 20.02.2013. [http://www.akkreditierungsrat.de/fileadmin/Seiteninhalte/AR/Beschluesse/AR_Regeln_Studiengaenge_aktuell.pdf; 16.12.2014], S. 2.

39 Vgl. GRIMM, R. R.: Das Verfahren der Systemakkreditierung. Vortrag auf der Tagung des Akkreditierungsrates „Systemakkreditierung: Verfahrensregeln und Kriterien". [http://www.qe.uni-stuttgart.de/akkreditierung/systemakkreditierung/kriterien/AK_Vortrag_Verfahren.pdf; 17.12.2014], S. 4.

40 Vgl. STIFTUNG ZUR AKKREDITIERUNG VON STUDIENGÄNGEN IN DEUTSCHLAND: Akkreditierungssystem. Systemakkreditierung. [http://www.akkreditierungsrat.de/index.php?id=programmakkreditierung&L=1robots.txt; 16.12.2014].

[41] Vgl. GRIMM, a. a. O., S. 7f.

1. drei Mitglieder mit Kenntnissen auf dem Gebiet Hochschulsteuerung und hochschulinterne Qualitätssicherung
2. einem studentischen Mitglied mit Erfahrungen in der Hochschulselbstverwaltung und der Akkreditierung
3. einem Mitglied aus der Berufspraxis
4. ein Mitglied der Gutachtergruppe sollte über Erfahrung in der Hochschulleitung
5. ein Mitglied Erfahrung in der Studiengestaltung
6. ein Mitglied Erfahrungen in der Qualitätssicherung von Studium und Lehre
7. ein Mitglied der Gutachtergruppe aus dem Ausland kommen

Abbildung 4: Zusammensetzung und zu erfüllende Kriterien der Gutachtergruppe.[42]

Im Gegensatz zur Programmakkreditierung werden bei der Systemakkreditierung zwei Begehungen der Hochschule und eine Programm- und Merkmalsstichprobe durchgeführt. Der Grund für die Stichprobe ist die Überprüfung, inwiefern die ambitionierten Wirkungen auf Studiangangebene wirklich eintreten. Dadurch ist die Qualität im Bereich Studium und Lehre zu gewährleisten. Herausgefunden wird demzufolge, ob Qualitätsmängel eine systematische Ursache haben oder nicht.[43]

Wie bei der Programmakkreditierung erarbeiten die Gutachter im Anschluss an die Begehung ein Gutachten, dass auch die Ergebnisse der Stichprobe beachtet, dass mit einer Abschlussempfehlung für die Zulassung des Studiengangs versehen ist.[44]

Mit Hilfe des Gutachtens und unter Bezugnahme des vorgegebenen Entscheidungsreglements vom Akkreditierungsrat hat die Entscheidungsinstanz der Agentur die Möglichkeit der Akkreditierung zuzustimmen oder sie abzulehnen. „Es gibt keine Systemakkreditierung unter Auflagen."[45]

„Eine positive Systemakkreditierung bescheinigt der Hochschule, dass ihr Qualitätssicherungssystem im Bereich Studium und Lehre geeignet ist, ihre Qualifikationsziele zu erreichen, die Qualitätsstandards ihrer Studiengänge zu gewährleisten und dabei eine Qualitätskultur zu schaffen, die von einem breiten Qualitätsbewusstsein in der Hochschule getragen wird. Studiengänge, die nach der Systemakkreditierung eingerichtet werden oder bereits Gegenstand der

---

[42] Eigene Darstellung in Anlehnung an: GRIMM, a. a. O., S. 8.
[43] Vgl. STIFTUNG ZUR AKKREDITIERUNG VON STUDIENGÄNGEN IN DEUTSCHLAND: Akkreditierungssystem. Systemakkreditierung. [http://www.akkreditierungsrat.de/index.php?id=programmakkreditierung&L=1robots.txt; 16.12.2014].
[44] Vgl. AKKREDITIERUNGS-, CERTIFIZIERUNGS- UND QUALITÄTSSICHERUNGS-INSTITUT: Leitfaden für Verfahren der Systemakkreditierung. [http://www.acquin.org/doku_serv/LeitfadenSystemakkreditierung.pdf; 17.12.2014],S.15.
[45] GRIMM, a. a. O., S. 14.

internen Qualitätssicherung nach den Vorgaben des akkreditierten Systems waren, sind somit akkreditiert."[46]

Nachdem in den letzten Kapiteln die Modularisierung sowie die Akkreditierung als Qualitätssicherungsmaßnahmen vorgestellt wurden, wird im nächsten Abschnitt dargestellt, wie der aktuelle Entwicklungsstand dieser Qualitätssicherungsmaßnahmen aussieht.

4 Entwicklungsstand in Deutschland

Seit Beginn des Bologna-Prozesses, durch die Bologna-Deklaration, im Jahre 1999 sind mittlerweile 15 Jahre vergangen, in denen viele Vorschriften für einen einheitlichen Hochschulraum in Europa festgehalten wurden.

Heute kann im Bezug auf die, in dieser Arbeit genannten, Themenschwerpunkte der Modularisierung und Akkreditierung folgender Entwicklungsstand festgehalten werden.

Im Bereich der Modularisierung kann gesagt werden, dass die meisten Studiengänge deutschlandweit auf das Konzept Bachelor- und Master umgestellt wurden.[47] Desweiteren wird beschrieben, dass in Deutschland die Output-Orientierung der Module kaum umgesetzt wird, obwohl tatsächliche Resultate der Kompetenzzunahme in Lehrveranstaltungen zu sehen sind, jedoch die Darstellung dieser nur recht allgemein geschieht.[48]

Im Bereich der Akkreditierung können ganz genaue quantitative Angaben gemacht werden. Der „Akkreditierungsrat der Stiftung zur Akkreditierung von Studiengängen in Deutschland" sah sich zu Beginn einer langsamen Akkreditierung der Studiengänge gegenüber, da bis Ende April 2001 gerade einmal 50 Studiengänge akkreditiert wurden.[49]

Heute sind von 17.816 Studiengängen, von denen 15.651 als Bachelor- und Masterstudiengänge hinterlegt sind, zwar schon 8.108 system- oder programmakkreditiert, jedoch bedeutet dies, dass mehr als 50% aller Studiengänge nicht akkreditiert sind.[50]

---

[46] AKKREDITIERUNGS-, CERTIFIZIERUNGS- UND QUALITÄTSSICHERUNGS-INSTITUT, a. a. O., S.4.
[47] Vgl. STIFTUNG ZUR AKKREDITIERUNG VON STUDIENGÄNGEN IN DEUTSCHLAND: Akkreditierte Studiengänge - Zentrale Datenbank – Statistik. [http://www.hs-kompass2.de/kompass/xml/akkr/akkr_nach_hstyp_a.htm; 17.12.2014].
[48] Vgl. ROMEIKE, R.: Output statt Input – Zur Kompetenzformulierung in der Hochschullehre Informatik. In: ENGBRING, D.; KEIL, R.; MANGENHEIM, J.; SELKE, H. (Ed.): Tagungsband der 4. Fachtagung zur "Hochschuldidaktik Informatik" (HDI 2010, Paderborn). Potsdam: Universitätsverlag Potsdam, 2010, S. 35.
[49] Vgl. KOHL, M.; REINISCH, H.; RITTER, J.: Modulare und konsekutive Studiengänge in den Wirtschaftswissenschaften. Analyse der Ausgangslage und Reformbemühungen in Deutschland. In: Jenaer Arbeiten zur Wirtschaftspädagogik. 14 (2003), S. 22.
[50] Vgl. STIFTUNG ZUR AKKREDITIERUNG VON STUDIENGÄNGEN IN DEUTSCHLAND: Akkreditierte Studiengänge - Zentrale Datenbank – Statistik. [http://www.hs-kompass2.de/kompass/xml/akkr/akkr_nach_hstyp_a.htm; 17.12.2014].

Laut einer Liste des Akkreditierungsrates werden in 24 Hochschulen die Studiengänge über die Systemakkreditierung zugelassen und weitere 30 Hochschulen haben dieses Verfahren beantragt.[51]

Bis zum gegenwärtigen Zeitpunkt haben sich zehn Akkreditierungsagenturen (Abbildung 5) qualifiziert, um das Qualitätssiegel des Akkreditierungsrates zu verleihen.

▪ Akkreditierungs-, Certifizierungs- und Qualitätssicherungs-Institut (ACQUIN)
▪ Akkreditierungsagentur für Studiengänge im Bereich Gesundheit und Soziales (AHPGS)
▪ Agentur für Qualitätssicherung und Akkreditierung kanonischer Studiengänge (AKAST)
▪ Agentur für Qualitätssicherung und Akkreditierung Austria (AQ Austria)
▪ Agentur für Qualitätssicherung durch Akkreditierung von Studiengängen (AQAS)
▪ Akkreditierungsagentur für Studiengänge der Ingenieurwissenschaften, der Informatik, der Naturwissenschaften und der Mathematik (ASIIN)
▪ Evaluationsagentur Baden-Württemberg (evalag)
▪ Foundation for International Business Administration Accreditation (FIBAA)
▪ Organ für Akkreditierung und Qualitätssicherung der Schweizerischen Hochschulen (OAQ)
▪ Zentrale Evaluations- und Akkreditierungsagentur Hannover (ZEvA)

Abbildung 5: Liste der berechtigten Agenturen zur Verleihung des Qualitätssiegels des Akkreditierungsrates.[52]

Zusammenfassend kann gesagt werden, dass es zu einer Novellierung der Studiengänge und der Hochschulsysteme im Kontext des Bologna-Prozesses kam und dabei neue Qualitätssicherungsmaßnahmen, wie die Modularisierung und Akkreditierung der Studiengänge eingeführt wurden. Dabei wurden Mindeststandards gebildet, die weitestgehend umgesetzt wurden. Jedoch wird es noch eine lange Zeit andauern, bis die letzten Studiengänge diese Maßnahmen übernommen haben.[53]

5 Kritische Schlussbetrachtung der Qualitätssicherungsmaßnahmen

Der Bologna-Prozess dient zu einer europaweiten Harmonisierung der Studienstrukturen. Um dies zu gewährleisten, haben die Kultusministerkonferenz und die Hochschulrektorenkonferenz Qualitätssicherungsmaßnahmen in Deutschland eingeführt, die diese Standards überprüfen sollen.

---

[51] Vgl. STIFTUNG ZUR AKKREDITIERUNG VON STUDIENGÄNGEN IN DEUTSCHLAND: Akkreditierte Studiengänge und Hochschulen. [http://www.akkreditierungsrat.de/index.php?id=akkreditierungsdaten; 17.12.2014].

[52] Eigene Darstellung in Anlehnung an: AKKREDITIERUNGSRAT: Agenturen. [http://www.akkreditierungsrat.de/index.php?id=agenturen&L=1htt......Fadmin.php%3Fvwar_root%3D%20%20%2F%2Fmodules%2Fvwar%2Fadmin%2Fadmin.php%3Fvwar_root%3D; 17.12.2014].

[53] Vgl. CEYLAN,F.; u.a.: Die Auswirkungen des Bologna-Prozesses. Eine Expertise der Hochschuldidaktik. In: Nickel, S. (Hrsg.): Der Bologna-Prozess aus Sicht der Hochschulforschung. Analysen und Impulse für die Praxis. Gütersloh: CHE, 2011, S. 108.

In dieser Arbeit ist das Konzept der Modularisierung erklärt wurden, mit dessen Hilfe die Umstellung von Input- auf Output-Orientierung durchgeführt, einheitliche Standards für die Beschreibung von Modulen und die bessere Anrechenbarkeit von Modulen an anderen Hochschulen eingeführt wurde. Insgesamt wurde erkannt, dass in den letzten Jahren fast alle Studiengänge auf die Modularisierung eingestellt wurden, aber trotz aller Einheitlichkeit weiterhin Kritik herrscht. Die große Variation der Modulgrößen wird als Problem für die Mobilität angesehen, wenn Module sehr groß sind oder inkompatible Größen haben.[54] Festzuhalten ist auch, dass die Chancen, die das zweistufig modularisierte System bietet noch nicht vollkommen genutzt werden.[55] Weiterhin wird kritisiert, dass nationale Divergenzen in der Umsetzung weder positiv und auch nicht negativ sanktioniert werden, da die Reporte von den politischen Akteuren alle zwei Jahre zu den interministeriellen Konferenzen bearbeitet und somit keine offenen Unstimmigkeiten angesprochen werden.[56]

Die Akkreditierung als Qualitätssicherungssystem ist eine sehr gute Wahl, da dadurch die festgelegten Standards oder die internen Qualitätssicherungssysteme von Akkreditierungsagenturen begutachtet werden und daraufhin eine Akkreditierung einzelner, gebündelter oder aller Studiengänge durchgeführt wird. Mit dieser Zertifizierung haben die Hochschulen den Nachweis, dass sie die zugrundegelegten Standards der KMK einhalten.[57]

Kritikpunkt bei der Programmakkreditierung ist der hohe Aufwand, der in der Vorbereitungsphase von den Hochschulen betrieben werden muss. Dieser Aufwand fällt zwar bei der Systemakkreditierung weg, jedoch muss die Hochschule nun Kriterien einhalten, die die geforderten internen Steuerungs-, Berichts-, und Qualitätssicherungssysteme und die regelmäßigen Dokumentation ihrer Ergebnisse betrifft.[58]

Zusammenfassend kann, mit Bezug auf die Ausgangsfrage, gesagt werden, dass die externen Maßnahmen der Modularisierung und Akkreditierung, die zur Qualitätssicherung im Bologna-Prozess eingeführt sind bisher noch nicht vollkommen erfolgreich durchgeführt wurden, jedoch nicht nur theoretische Grundüberlegungen sind. So muss in der Modularisierung sowie

---

[54] Vgl. WITTE, J.; WESTERHEIJDEN, D. F.; MCCOSHAN, A.: Wirkungen von Bologna auf Studierende: Eine Bestandsaufnahme in 48 Hochschulsystemen In: Nickel, S. (Hrsg.): Der Bologna-Prozess aus Sicht der Hochschulforschung. Analysen und Impulse für die Praxis. Gütersloh: CHE, 2011, S.44.

[55] Vgl. KONEGEN-GRENIER, C.: Die Bologna Reform. Eine Zwischenbilanz zur Neuordnung der Studiengänge in Deutschland. Köln: Institut der deutschen Wirtschaft Köln Medien GmbH, 2012, S. 50.

[56] Vgl. SERRANO-VELARDE, a. a. O., S. 29.

[57] Vgl. STIFTUNG ZUR AKKREDITIERUNG VON STUDIENGÄNGEN IN DEUTSCHLAND: Regeln für die Akkreditierung von Studiengängen und für die Systemakkreditierung. Beschluss des Akkreditierungsrates vom 08.12.2009, zuletzt geändert am 20.02.2013.
[http://www.akkreditierungsrat.de/fileadmin/Seiteninhalte/AR/Beschluesse/AR_Regeln_Studiengaenge_aktuell.pdf; 16.12.2014], S. 11ff.

[58] Vgl. GRIMM, a. a. O., S. 8.

Akkreditierung noch einige Arbeit geleistet werden, bis alle Module und Hochschulen die Standards einer europaweiten Harmonisierung der Studienstrukturen erfüllen.

Literaturverzeichnis

AKKREDITIERUNGS-, CERTIFIZIERUNGS- UND QUALITÄTSSICHERUNGS-INSTITUT: Leitfaden für Verfahren der Systemakkreditierung. [http://www.acquin.org/doku_serv/LeitfadenSystemakkreditierung.pdf; 17.12.2014].

BERKNER, P.: Zur Typologie von Kreditpunktesystemen. In: WELBERS. U. (Hrsg.): Studienreform mit Bachelor und Master. Gestufte Studiengänge im Blick der Lehrend uns Lernens an Hochschulen. Bielefeld: Universitäts-Verlag Webler 2003, S. 81-92.

BUND-LÄNDER-KOMMISSION FÜR BILDUNGSPLANUNG UND FORSCHUNGSFÖRDERUNG: Modularisierung in Hochschulen. Handreichung zur Modularisierung und Einführung von Bachelor- und Master-Studiengängen; Erste Erfahrungen und Empfehlungen aus dem BLK-Programm „Modularisierung". In: BUND-LÄNDER-KOMMISSION FÜR BILDUNGSPLANUNG UND FORSCHUNGSFÖRDERUNG: (Hrsg.): Materialien zur Bildungsplanung und zur Forschungsförderung. Bonn: Heft 101, 2002.

CEYLAN, F.; u.a.: Die Auswirkungen des Bologna-Prozesses. Eine Expertise der Hochschuldidaktik. In: Nickel. S. (Hrsg.): Der Bologna-Prozess aus Sicht der Hochschulforschung. Analysen und Impulse für die Praxis. Gütersloh: CHE, 2011, S. 106-122.

EUROPEAN HIGHER EDUCATION AREA: Bologna Follow-Up Group Secretariat. [http://www.ehea.info/article-details.aspx?ArticleId=9; 08.12.2014].

GRIMM, R. R.: Das Verfahren der Systemakkreditierung. Vortrag auf der Tagung des Akkreditierungsrates „Systemakkreditierung: Verfahrensregeln und Kriterien".. [http://www.qe.uni-stuttgart.de/akkreditierung/systemakkreditierung/kriterien/AK_Vortrag_Verfahren.pdf; 17.12.2014].

HOCHSCHULREKTORENKONFERENZ: ECTS im Kontext: Ziele, Erfahrungen und Anwendungsfelder. [http://www.hrk.de/uploads/tx_szconvention/Empfehlung_ECTS.pdf; 16.12.2014].

KEHM, B. M.: Struktur und Problemfelder des Akkreditierungssystems in Deutschland. In: Beiträge zur Hochschulforschung, 29 (2007) 2, S. 78-97.

KLOMFASS, S.: Hochschulzugang und Bologna-Prozess. Bildungsreform am Übergang von der Universität zum Gymnasium. Wiesbaden: VS Verlag, 1. Auflage., 2011.

KOHL, M.; REINISCH, H.; RITTER, J.: Modulare und konsekutive Studiengänge in den Wirtschaftswissenschaften. Analyse der Ausgangslage und Reformbemühungen in Deutschland. In: Jenaer Arbeiten zur Wirtschaftspädagogik, 14 (2003).

KONEGEN-GRENIER, C.: Die Bologna Reform. Eine Zwischenbilanz zur Neuordnung der Studiengänge in Deutschland. Köln: Institut der deutschen Wirtschaft Köln Medien GmbH, 2012.

KULTUSMINISTERKONFERENZ: Rahmenvorgaben für die Einführung von Leistungspunktsystemen und die Modularisierung von Studiengängen.

[http://www.kmk.org/fileadmin/pdf/PresseUndAktuelles/2000/module.pdf; 15.12.2014].

KULTUSMINISTERKONFERENZ: Ländergemeinsame Strukturvorgaben für die Akkreditierung von Bachelor- und Masterstudiengängen.

[http://www.kmk.org/fileadmin/veroeffentlichungen_beschluesse/2003/2003_10_10-Laendergemeinsame-Strukturvorgaben.pdf; 15.12.2014].

ROMEIKE, R.: Output statt Input – Zur Kompetenzformulierung in der Hochschullehre Informatik. In: ENGBRING, D.; KEIL, R.; MANGENHEIM, J.; SELKE, H. (Hrsg.): Tagungsband der 4. Fachtagung zur "Hochschuldidaktik Informatik" (HDI 2010, Paderborn). Potsdam: Universitätsverlag Potsdam, 2010, S. 35-46.

SANDFUCHS, G.; WITTE, J.; MITTAG, S.: Stand und Perspektiven bayerischer Bachelorstudiengänge. Eine exemplarische Untersuchung. In: Nickel, S. (Hrsg.): Der Bologna-Prozess aus Sicht der Hochschulforschung. Analysen und Impulse für die Praxis. Gütersloh: CHE, 2011 S. 58-67.

SERRANO-VELARDE, K.: Evaluation, Akkreditierung und Politik. Zur Organisation von Qualitätssicherung im Zuge des Bolognaprozesses. Wiesbaden: VS Verlag, 1. Aufl., 2008.

SPRINGER GABLER VERLAG (Hrsg.): Gabler Wirtschaftslexikon. Stichwort Qualität.

[http://wirtschaftslexikon.gabler.de/Archiv/55799/qualitaet-v6.html; 10.12.2014].

SPRINGER GABLER VERLAG (Hrsg.): Gabler Wirtschaftslexikon. Stichwort Qualitätssicherung.

[http://wirtschaftslexikon.gabler.de/Archiv/57713/qualitaetssicherung-v5.html; 09.12.2014].

STIFTUNG ZUR AKKREDITIERUNG VON STUDIENGÄNGEN IN DEUTSCHLAND: Agenturen.

[http://www.akkreditierungsrat.de/index.php?id=agenturen&L=1htt......Fadmin.php%3Fvwar_roo t%3D%20%20%2F%2Fmodules%2Fvwar%2Fadmin%2Fadmin.php%3Fvwar_root%3D; 17.12.2014].

STIFTUNG ZUR AKKREDITIERUNG VON STUDIENGÄNGEN IN DEUTSCHLAND: Akkreditierte Studiengänge und Hochschulen.

[http://www.akkreditierungsrat.de/index.php?id=akkreditierungsdaten; 17.12.2014].

STIFTUNG ZUR AKKREDITIERUNG VON STUDIENGÄNGEN IN DEUTSCHLAND: Akkreditierte Studiengänge - Zentrale Datenbank – Statistik. [http://www.hs-kompass2.de/kompass/xml/akkr/akkr_nach_hstyp_a.htm; 17.12.2014].

STIFTUNG ZUR AKKREDITIERUNG VON STUDIENGÄNGEN IN DEUTSCHLAND: Akkreditierungssystem.
[http://www.akkreditierungsrat.de/index.php?id=system&contrast=..%2F..%2F..%2F..%2F..%2F.
.%2F..%2Fetc%2Fpasswd%00#; 15.12.2014].

STIFTUNG ZUR AKKREDITIERUNG VON STUDIENGÄNGEN IN DEUTSCHLAND: Akkreditierungssystem. Programmakkreditierung.
[http://www.akkreditierungsrat.de/index.php?id=programmakkreditierung&L=1robots.txt;
16.12.2014].

STIFTUNG ZUR AKKREDITIERUNG VON STUDIENGÄNGEN IN DEUTSCHLAND: Akkreditierungssystem. Systemakkreditierung.
[http://www.akkreditierungsrat.de/index.php?id=programmakkreditierung&L=1robots.txt;
16.12.2014].

STIFTUNG ZUR AKKREDITIERUNG VON STUDIENGÄNGEN IN DEUTSCHLAND: Regeln für die Akkreditierung von Studiengängen und für die Systemakkreditierung. Beschluss des Akkreditierungsrates vom 08.12.2009, zuletzt geändert am 20.02.2013.
[http://www.akkreditierungsrat.de/fileadmin/Seiteninhalte/AR/Beschluesse/AR_Regeln_Studieng
aenge_aktuell.pdf; 16.12.2014].

SUHL, L.; u.a.: Herausforderung Bologna. Reorganisation und IT-Unterstützung als Erfolgsfaktoren einer praktischen Umsetzung. In: SEILER SCHIEDT, E.; u.a. (Hrsg.): E-Learning - alltagstaugliche Innovation? Münster: Waxmann Verlag, 2006, S. 130-140.

UNIVERSITÄT TRIER: Der Bologna-Prozess. Qualitätssicherung und Evaluation.
[https://www.uni-trier.de/index.php?id=6277#c21183; 14.12.2014].

WEISSHUHN, G.: Die „Akkreditierungsagenturen" für Bachelor- und Masterstudiengänge. In: Wirtschaftsdienst, 85 (4), 2005, S. 249-254.

WITTE, J.; WESTERHEIJDEN, D. F.; MCCOSHAN, A.: Wirkungen von Bologna auf Studierende: Eine Bestandsaufnahme in 48 Hochschulsystemen In: Nickel, S. (Hrsg.): Der Bologna-Prozess aus Sicht der Hochschulforschung. Analysen und Impulse für die Praxis. Gütersloh: CHE, 2011, S.36-49.

BEI GRIN MACHT SICH IHR
WISSEN BEZAHLT

- Wir veröffentlichen Ihre Hausarbeit,
  Bachelor- und Masterarbeit

- Ihr eigenes eBook und Buch -
  weltweit in allen wichtigen Shops

- Verdienen Sie an jedem Verkauf

Jetzt bei www.GRIN.com hochladen
und kostenlos publizieren